LA SCIMMIETTA NUDA Breve storia degli esseri umani by Desmond Morris
Copyright © 2024 Giunti Editore S.p.A./Bompiani, Firenze-Milano
www.giunti.it
All rights reserved.
Korean Translation rights © 2025 Book21 Publishing Group
Korean Translation Rights are arranged with
Giunti Editore S.p.A. through AMO Agency Korea

이 책의 한국어판 저작권은 AMO에이전시를 통해 저작권자와 독점 계약한 북이십일에 있습니다.
저작권법에 의하여 한국 내에서 보호를 받는 저작물이므로 무단 전재 및 복제를 금합니다.

어린이를 위한

털 없는 원숭이

인류의 짧은 역사 이야기

원작 **데즈먼드 모리스** 그림 **세르지오 루찌에르** 옮김 **고호관**

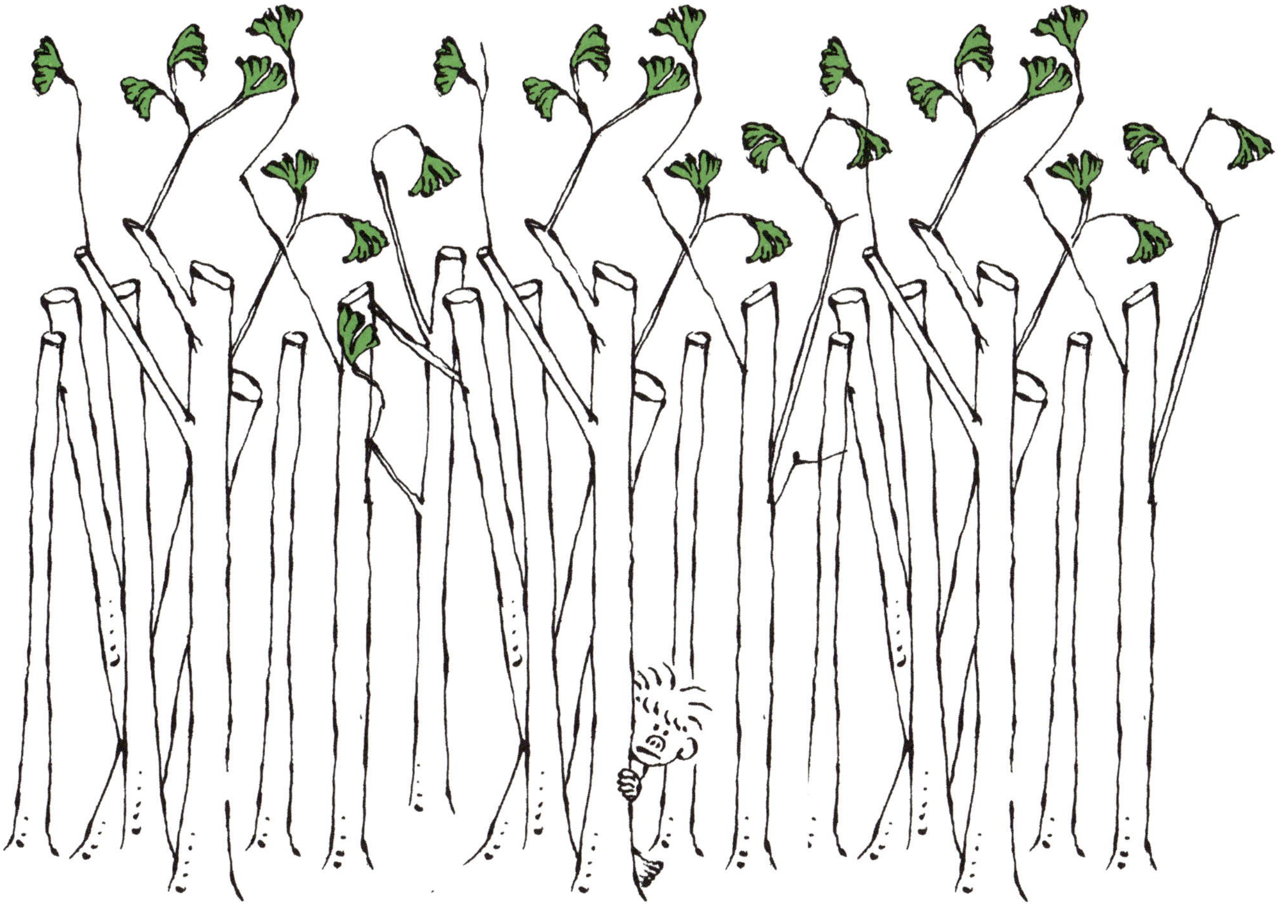

아울북

> 추천사

어린이를 위한 털 없는 원숭이

과학은 참으로 얄궂은 운명을 갖고 태어난 학문입니다. 지금 이 순간 과학의 도움이 사라진다면 우리 인간은 아마 단 하루도 버티기 어려울 겁니다. 그럼에도 불구하고 참으로 기이하게도 과학자 스스로 자기가 하고 있는 연구가 얼마나 중요한지 줄기차게 떠들어대지 않으면 아무도 그 소중함을 이해하지 못하는 기이한 사회에 지금 우리가 살고 있습니다.

그래서 우리 과학자들은 일찌감치 이른바 '과학의 대중화' 혹은 '대중의 과학화'를 추구해 왔습니다. 신문에 글도 쓰고 대중 강연도 하지만, 가장 확실한 방법은 대중을 위한 쉽고 재미있는 교양과학서를 쓰는 일입니다. 교양과학서라면 많은 분들이 《이기적 유전자》나 《코스모스》를 떠올리시겠지만, 대중으로 하여금 그런 책들을 읽게 만든 최초의 책이 있습니다. 지금으로부터 무려 58년 전에 나온 《털 없는 원숭이》라는 책입니다. 그 책은 지금까지 무려 28개 언어로 번역되어 1,000만부 이상 팔렸다고 합니다. 어린이 여러분, 우리가 도대체 언제, 어디서 생겨나 이렇게 살고 있는지 궁금하지 않은가요? 우리의 사촌인 다른 모든 원숭이들과 달리 인간만 왜 털이 없도록 진화했는지 궁금하지 않으세요?

과학은 비교적 진입 장벽이 높은 학문이지만 어려서 입문하면 훨씬 쉽습니다. 이 책 또한, 과학에 관심 있는 많은 어린이들이 읽으면 좋겠습니다. 평소에 책 읽기를 그리 즐기지 않는 아이라면 더더욱 이 책을 권합니다. 부모님께서는 스마트폰을 내려놓은 채 독서삼매경에 빠진 내 아이를 지켜보는 행복을 만끽하실 겁니다.

최재천
생명다양성재단 이사장

머리말

우리는 털 없는 원숭이!

제 이름은 데즈먼드 모리스입니다. 동물학자이자 생태학자이지요. 동물과 동물의 행동을 연구하고 있어요. 사람은 동물이므로 사람을 연구하는 셈이기도 해요. 오래전에 저는 《털 없는 원숭이》라는 책을 썼어요. 이 책은 《어린이를 위한 털 없는 원숭이》랍니다. 동화나 동물 이야기, 환상적인 모험 말고 다른 이야기도 좋아하는 어린이를 위한 책입니다. 이 책에는 쉽고 금세 읽을 수 있는 우리 조상의 이야기가 담겨 있어요. 여러분이 자라서 어른이 되면 더 두꺼운 원래의 책이나 같은 주제를 다루는 다른 여러 흥미로운 책을 읽을 수 있을 거예요. 그때까지는 이 책이 가장 어린 털 없는 원숭이인 여러분에게 도움이 될 거예요. 그래서 이 책의 제목도 《어린이를 위한 털 없는 원숭이》랍니다. 이 책을 통해 여러분은 우리가 언제, 어디서 태어났는지 이해할 거예요. 그건 우리가 앞으로 어떻게 살아갈지 깨닫는 데 아주 중요하지요.

재미있게 읽어 주세요!

데즈먼드 모리스

차례

큰 원숭이와 작은 원숭이 6

털은 줄고, 뇌는 커지고 8

숲에서 안전히 10

나무에서 초원으로 12

아이는 귀여워요 16

어린 원숭이는 자면서 자라요 19

어린 원숭이는 말을 하고, 울고 웃어요 22

세상을 발견해요 25

어린 원숭이는 긴장해요 30

사냥 31

사람과 다른 동물 35

사람이 좋아하는 동물 41

미래에는, 어쩌면, 아마도… 45

큰 원숭이와 작은 원숭이

지금까지 사람은 도시를 건설하고, 위대한 명화를 그리고, 음악과 시를 짓고, 하늘을 날 수 있는 기계를 만들었어요. 그렇지만 여전히 커다란 원숭이에 불과하지요. 온몸이 거의 털로 덮여 있는, 우리의 가장 가까운 친척인 침팬지나 오랑우탄, 고릴라와 비교하면 털이 거의 없지만요. 그래서 우리 사람은 털 없는 원숭이랍니다.

태어났을 때부터 사람 아기와 원숭이 아기는 생김새가 서로 달라요. 털가죽도 큰 차이가 나지요. 하지만 몸짓이나 행동, 능력은 비슷해요. 시간이 지나며 사람 아기는 더욱 다양하고 복잡한 행동과 기술을 보여 주죠. 물론 나무를 오르는 데는 침팬지가 훨씬 더 뛰어나지만, 사람은 어린 시절부터 다른 사람과 소통하고 생각하고 주변 세상을 바꿀 수 있는 특별한 능력을 키울 수 있답니다.

우리는 사람의 지적 능력을 자랑스럽게 여겨 스스로 호모 사피엔스라고 불러요. 호모 사피엔스는 고대 로마의 언어인 라틴어로 '슬기로운 사람'이라는 뜻이지요. 즉, 우리는 스스로를 슬기로운 존재라고 부르는 셈이에요. 그러나 슬기로운 사람의 마음속에는 동물적인 면이 남아 있답니다. 우리 안에 있는 작은 원숭이는 우리가 어디서 왔는지, 우리가 어떤 존재인지 잊지 않게 해 준답니다.

털은 줄고, 뇌는 커지고

원숭이는 꼬리가 있는 종류와 없는 종류를 합쳐 193종이 있어요. 모두 온몸이 털로 덮였지요. 단 한 종, 호모 사피엔스만 빼고요.

호모 사피엔스는 원숭이 중 뇌가 가장 커요. 다양한 목소리를 낼 수도 있고요. 호기심 넘치는 탐험가이기도 하답니다. 그리고 전 세계에 퍼져 살고 있지요.

하지만 여우원숭이, 안경원숭이, 그리고 사람을 포함한 원숭이까지 아우르는 커다란 분류인 영장류를 한 줄로 줄 세웠을 때 호모 사피엔스를 어디에 놓아야 할지는 아직 분명하지 않아요. 호모 사피엔스가 가장 진화했다고 생각해서 맨 끝에 놓는다면, 그 옆에는 침팬지와 고릴라 같은 꼬리 없는 커다란 원숭이가 있을 거예요. 그런데 호모 사피엔스는 이들과 매우 달라요. 침팬지와 고릴라와 비교하면 호모 사피엔스는 다리가 길고, 팔이 짧으며, 발이 이상하게 생겼어요. 발의 생김새가 달라진 건 호모 사피엔스가 두 발로 걷는 방식 때문인 게 분명해요. 그리고 무엇보다도…

호모 사피엔스는 털이 거의 없어요.

포유류에게 털은 아주 쓸모가 많아요. 체온을 언제나 일정하게 유지해 주고 햇볕이 내리쬘 때도 피부를 보호하지요. 오랜 세월에 걸쳐 털이 줄어들었거나 없어진 포유류도 있어요. 고래, 돌고래, 하마처럼요. 하지만 이들은 물에서 사는 동물이에요. 물속에서는 털이 별 쓸모가 없는 데다가 오히려 젖으면 무거워져서 방해만 되지요. 털이 없어진 것도 당연해요. 그런데 물에서 살지 않고 수영이나 목욕할 때 물에 몸을 담그기만 하는 호모 사피엔스는 무슨 까닭으로 점차 털을 잃게 되었을까요?

참을성을 갖고 몇 쪽 더 읽어 보면 알게 될 거예요!

숲에서 안전히

그 이유를 알기 위해서는 먼 과거로 거슬러 올라가서 열심히 조사하고 답을 찾은 고생물학과 동물행동학 학자들에게 감사해야 해요. 참, 이 둘은 정말 멋진 직업이랍니다. 어른이 되어 무엇을 할지 아직 잘 모르겠다면, 한번 생각해 보세요. 시간을 거슬러 올라가면서 열심히 연구한 결과, 과학자들은 영장류가 최초의 포유류인 식충동물에서 나왔다는 사실을 알아냈어요. 식충동물은 숲속을 돌아다니며, 단단한 비늘로 몸을 감싼 사납고 탐욕스러운 파충류로부터 몸을 숨겨야 했지요. 이를테면 공룡 말이에요.

| 2,500만 년 전 | 2,000만 년 전 | 1,500만 년 전 |

아름다운 직업

고생물학은 돌로 바뀌어 남은 동물과 식물의 화석을 연구하는 과학이에요.
동물행동학은 사람을 포함한 동물의 삶과 행동을 연구하는 과학이지요.

이름에서 알 수 있듯이 식충동물은 처음에는 곤충만 잡아먹고 살았어요. 그러다 몇몇이 과일이나 견과류, 잎, 새싹 같은 식물의 맛을 알게 되었지요. 거기에 더해 새와 개구리, 알, 도마뱀도 가리지 않고 먹었고요. 이들의 시력은 점점 좋아졌어요. 움켜쥐는 방법도 익혔고 다리로 점점 더 정확한 동작을 할 수 있게 되었어요. 그리고 서서히 뇌도 커졌어요. 균형을 잡는 데 유용한 꼬리도 길어졌지요. 숲은 살기 좋은 곳이었고, 원숭이는 초원에 넘쳐나는 육식동물의 위험을 피해 숲에 머물렀어요. 3,500만 년 전에서 2,500만 년 전 사이에 일어난 일이랍니다.

나무에서 초원으로

시간이 흘러 1,500만 년 전이 되자, 엄청난 기후 변화가 일어나 숲이 줄어들었어요. 그러자 원숭이의 미래도 나누어졌지요. 일부는 숲에 남았지만, 좀 더 용기 있던 나머지는 드넓은 세계로 나가 살아남는 데 성공했어요. 아주 뛰어나게 살아남았다고 해도 좋을 정도로요. 이들은 땅속을 뒤져 먹을 수 있는 뿌리를 찾아냈어요. 그리고 초원에 많은 작고 순한 동물이 잡기 쉬운 먹잇감이라는 사실을 깨닫고 식량을 풍부하게 늘려나갔죠.

1,000만 년 전

지금

100만 년 전

도구

다시 시간을 빠르게 돌려 100만 년 전으로 가 봅시다. 뛰어난 두뇌와 능숙한 손놀림, 먼 곳을 볼 수 있던 시력을 갖추고 있던 초원의 원숭이는 점차 뒷다리를 사용해 걷기 시작했어요. 그러자 팔이 자유로워져 무기를 쥐거나 던질 수 있게 되었지요. 돌이나 나무 등 자연에 있는 물체를 그대로 들고 사냥하는 대신 더 능숙해진 손놀림으로 도구를 만들기도 했지요. 원숭이들은 무리 지어 살며 서로 역할을 나누어 더 다양한 일을 할 수 있었지요. 사냥은 수컷 원숭이의 일이에요. 암컷은 새끼를 돌보았고요. 이제는 떠돌아다니지 않았기 때문에 암컷과 새끼가 안전하게 지낼 수 있는 장소가 필요했어요. 사냥에 성공한 수컷은 암컷과 새끼가 있는 곳으로 먹이를 날랐지요.

집

숲에서 떠돌았었던 원숭이는 이제 자기 영역을 골라 그곳에 자리 잡고 살았어요. 그러자 새롭게 할 일이 생겼어요. 불을 피우고 사냥한 먹이를 보관할 곳이 있어야 했던 거예요. 암컷과 새끼가 안전하게 지낼 수 있고, 사냥을 떠난 수컷도 돌아올 수 있는 곳이요. 다시 말해, 집이지요. 물론 이때의 집은 오늘날 우리가 사는 집과 매우 달랐어요. 집이 지금처럼 발전하는 데는 오랜 시간이 걸렸지요. 이 때는 원숭이의 동물적인 본능도 여전히 거의 그대로 남아 있었거든요. 마치 영리하고 무기를 다루는 늑대 같았죠. 다른 포유류는 냄새를 매우 잘 맡고 빠르게 달렸지만, 원숭이는 시력과 청력이 매우 뛰어났어요. 맛도 잘 보아서 아무거나 먹어 보았지요. **결국 원숭이는 잡식동물이 되었어요.** 여기서 잡식은 동물과 식물을 가리지 않고 아무거나 먹는다는 뜻이에요. 여러분도 아무거나 먹나요? 정말로요? 확실하지요?

무엇을 먹을까?

이제 **잡식동물**의 뜻을 알았으니 사람이 유일하게 아무거나 먹는 동물은 아니라는 점도 깨달았을 거예요. 예를 들어 곰도 잡식동물이에요. 고기뿐만 아니라 과일과 곤충도 먹지요. 유일하게 판다만 **초식동물**로 주로 대나무를 먹고 살아요.
식충동물은 이미 설명했지요? 개미핥기, 도마뱀붙이, 일부 박쥐와 새처럼 곤충만 먹고 사는 동물 말이에요. 한편 **육식동물**은 오로지 고기만 먹어요. 동물 세계에서 흔히 볼 수 있지요. 물속의 상어, 악어 같은 파충류, 하늘의 매처럼요. 포유류 중에는 또 어떤 육식동물이 있을까요?

아이는 귀여워요

털 없는 원숭이와 다른 영장류의 중요한 차이점은 또 있어요. 새끼, 다시 말해 어린아이로 지내는 시간이 더 길다는 것이지요. 많은 동물은 몇 주, 또는 길어야 몇 달이면 어른이 되어 독립해요. 개는 크기에 따라 1~2살이면 다 커요. 어린아이는 1년이 지나야 걷는 법을 배우지만, 아기 새는 태어난 지 30일 만에 나는 법을 배워요. 그리고 날아서 둥지를 떠나는 순간부터 홀로 살아가지요. 사람은 둥지, 즉 집을 떠나려면 18살은 되어야 해요. 그때까지는 어른의 도움과 보호를 받습니다.

하지만 어린 시절이 길수록 어른을 흉내 내고 주위를 탐구할 시간이 많아져요. 더 오래 배울 수 있는 거지요.

그런데 털 없는 원숭이는 왜 털을 잃었을까요?
처음부터 질긴 비늘이 있는 파충류를 뺀 모든 동물의 새끼는 털이나 깃털이 없거나 아주 적은 상태로 태어나요. 그러나 털은 아주 빨리 자라지요. 이와 달리 뇌가 커다란 잡식동물인 원숭이의 어린 자손은 이제 털이 거의 나지 않아요.

어떤 학자들은 시원한 숲에서 평지로 나와 보니 너무 더워서 털가죽이 있으면 곤란했을 거라고 말해요. 하지만 털이 없으면 먹이를 구하려고 오랫동안 달려도 몸이 뜨거워지지 않기 때문이었을 가능성이 더 커요. 털이 없으면 체온을 더 잘 조절할 수 있거든요.

이제 털 없는 원숭이는 어디든 위험하고 언제든지 생의 마지막 날이 될 수도 있는 선사시대의 복잡한 세상에 뛰어들 준비를 마쳤습니다. 피부는 매끄럽고 손놀림은 능숙하고 다리는 길고 두 눈은 앞쪽을 향하고 있으며 냄새를 잘 맡고 소리를 잘 들어요. 그리고 함께할 수 있는 가족, 저녁에 돌아갈 수 있는 집이 있어요. 수천 년을 지나 현대까지 살아남을 수 있게 된 거지요.

이 털 없는 원숭이는 곧 우리가 된답니다.

어린 원숭이는 자면서 자라요

만약 집에 어린 동생이나 갓난아기가 있다면, 이제부터 들려줄 내용을 이미 직접 봐서 알고 있을 거예요. 털 없는 원숭이와 아기의 관계는 특별해요. 아기는 태어나기 전에 엄마의 자궁에서 약 266일을 머물러요. 2살이 될 때까지는 엄마 젖을 먹고요. 엄마는 본능적으로 아기의 머리가 왼쪽으로 오게 안아요. 태어나기 전 자궁 속에서 느꼈던 엄마의 심장박동을 다시 들려주려는 거지요.

그러면 어린 원숭이는 어떤가요? 무엇을 하나요?

태어날 때의 몸무게는 약 3킬로그램으로 처음 2년 동안은 매우 빨리 자라요. 그다음 4년도 상당히 빨리 자라지요. 6살부터는 성장이 조금 느려져요. 그러다가 10살 또는 11살쯤에 다시 한번 급격히 자라요. 여자는 19살쯤 성장을 멈추는 반면, 남자는 25살까지 자라지요.

태어난 지 6달 정도가 지나면 첫 이가 나요. 2살에서 2살 반이 되면 젖니가 모두 나지요. 6살쯤이 되면 젖니가 빠지고 평생 사용하는 영구치가 나기 시작해요. 가장 크고 가장 마지막에 나오는 사랑니는 19살쯤에 나요.

갓난아기는 거의 하루 종일 잠만 자요. 강아지나 고양이처럼요. 24시간 중 16시간을 잠으로 보내지요. 태어난 지 6개월이 되면 자는 시간이 14시간으로 줄고 2살이 되면 13시간, 5살이 되면 12시간으로 줄어요. 어른이 되면 24시간 중 8시간을 자는데 더 적게 자기도 해요. 여러분은 잠꾸러기인가요? 아니면 낮이나 밤이나 잠자기를 싫어하나요?

갓 태어난 원숭이는 근육이 발달하지 않았어요. 털이 있는 원숭이 친척들은 엄마의 털을 단단히 붙잡을 수 있지만, 사람 아기는 4~5개월이 되어야 물체를 움켜잡을 수 있어요. 엄마를 붙잡으려고 한다면 바닥에 넘어져 버리고 말 거예요. 7개월이 되면 드디어 혼자 앉을 수 있고 8개월쯤에는 도움을 받아 일어설 수 있어요. 10개월 정도 되면 바닥을 길 수 있고 12~14개월이 되면 혼자서 걸어요. 연약하고 느리게 자라는 새끼 동물이라고 할 수 있지요. 뇌에 관해서는 그렇지 않지만요.

어린 원숭이는 말을 하고, 울고 웃어요

작은 사람에게는 숲에 살던 친척에게 없던 재주가 있어요. 바로 말이에요. 어린아이는 2살이 되면 거의 300단어를 말할 수 있어요. 3살에는 900단어, 5살에는 무려 2,100단어나 쓸 수 있지요. 동료와 함께 사냥하기 시작한 이래로 사람에게 말하기는 매우 중요했어요. 먹이를 가지고 무리에 되돌아가려면 서로 정보를 교환해야 했거든요. 과학자들은 침팬지에게도 말을 가르치려고 했지만, 6살이 되어서야 겨우 7단어를 배운 데다 더 이상은 배우지 못했어요.

말을 쓰기 훨씬 전, **서로 의사소통했던 최초의 방법**은 다른 동물과 마찬가지로 '울기'였어요. 아주 어린아이는 어디가 아프거나 배가 고프거나 혼자 있거나 잘 모르겠다거나 무슨 일이 안 될 때 울어요. 울기는 엄마에게 보내는 신호지요. '이리 와서 나를 돌봐 줘요'라고 말하는 셈이에요.

태어난 지 3~4개월이 된 어린 털 없는 원숭이는 다른 행동도 해요. **방긋 웃지요.** 그건 엄마를 알아보고 다른 어른과 구분한다는 뜻이에요. 다른 어른을 보고도 웃을 때가 있지만, 처음부터 그러지는 않아요. 처음 보는 낯선 사람 앞에선 경고의 뜻으로 울지요.

시간이 지나면 어린 털 없는 원숭이도 공격적으로 행동하거나 화가 날 때 울곤 해요. 하지만 한편으로는 **다른 동물은 하지 못하는 특별한 행동을 배워요. 바로 웃음이지요.**

주위를 돌아다니기 시작한 어린 침팬지는 잘 모르거나 당황스러운 것과 마주치면 소리를 지르며 뒤돌아 뛰어가요. 그러면 엄마 침팬지가 안아 주고, 어린 침팬지는 자신이 잘 알고 안전함

을 느끼는 아름답고 편안한 엄마의 털가죽에 매달릴 수 있어요.

어린 사람은 어린 침팬지처럼 엄마의 털에 매달릴 수 없어요. 엄마도 자신도 털이 없거든요. 팔이나 손의 힘도 부족하고요. 그리고 울어서 관심을 끄는 것만으로는 성에 차지 않아요. 그래서 웃어요. 웃음은 울음보다도 더 강력한 신호거든요. '나 여기 있어요', '나는 엄마를 믿어요', '나는 엄마가 필요해요'라고 말하는 것과 같지요.

그럼 엄마는 아이를 꼭 안아 준답니다.

어린아이는 자신을 쳐다보는 두 눈에 먼저 반응해요. 그 뒤에는 입에 집중하지요. 주위에 눈과 입이 있는 어른은 많지만, 3~4개월이 되면 엄마와 다른 사람의 얼굴을 구분할 수 있어요. 7개월이 되면 엄마의 얼굴을 확실히 알아보고 평생 잊지 않게 돼요. 아이는 엄마에게 웃기만 하는 게 아니에요. 손과 발을 흔들고 몸을 구부리지요. 자기를 봐 달라고, 안아 달라고 온몸으로 표현해요.

세상을 발견해요

모든 포유류는 호기심이 있어서 세상을 탐구하려 해요. 어떤 동물은 특히 더 그렇지요. 유칼립투스 잎만 먹는 코알라 같은 동물은 다른 먹이가 필요 없어서 늘 살던 대로 살아요. 이와 달리 사람은 정해진 대로만 살지 않아요. 사람이 사는 세상은 항상 변하고 있기에 사람의 먹이도 항상 달라져요. 만약 유칼립투스 숲이 사라진다면 코알라는 살아남을 수 없어요. 하지만 털 없는 원숭이는 살아남을 수 있어요. 금세 변화에 적응하기 때문이에요. 그러나 적응은 힘든 일이에요. 그래서 털 없는 원숭이는 어른이 되어도 호기심이 줄지 않고 오히려 더 왕성해지는 유일한 원숭이랍니다.

함께 놀아요

어른이 일을 하러 가면 아이들은 놀거나 학교에 가요. **하지만 노는 게 먼저지요.** 아주 어린 털 없는 원숭이는 주로 부모와 놀아요. 하지만 자라면서 점점 또래 아이들에게 관심을 가지게 되지요. 처음에 어린아이에게 필요한 건 안정감과 웃음, 안아 주기 등이에요. 자라면서는 다른 세상도 받아들여야 하죠. 다른 사람과 함께 지내며 말다툼하고, 장난감을 부수고, 같이 놀거나 웃고, 바보처럼 굴며 즐거워하는 유쾌하고 혼란스러운 경험 속에서 자신을 알아가야 하지요. 매일 이렇게 커 가요. 만약 아이를 너무 감싸고 돈다면 아이가 새로운 관계를 맺지 못하고 엄마와 아빠에게만 계속 매달리게 될 거예요.

종이와 색

털 없는 원숭이는 놀이 다음으로 그림 그리기를 발견했어요. 침팬지도 어린아이처럼 놀며 어린아이처럼 부채꼴이나 십자가, 동그라미를 그릴 수 있어요. 하지만 그게 다지요. 어린아이는 동그라미 안에 눈, 코, 입을 그려 얼굴을 만들 수 있어요. 엄마의 얼굴은 아이가 아주 어릴 때부터 가장 좋아하는 모양이고, 새로운 그림 그리기를 배우는 지금도 흥미로운 존재지요. 그다음에는 얼굴에 몸을 덧붙여요. 그림 그리기를 배울 때 아이는 음악, 음악에 맞춰 몸을 흔드는 춤, 그리고 글쓰기까지 익혀요. 모두 세상을 알아가는 방식이지요.

문장과 단어

털 없는 원숭이가 자라면서 말을 배우는 시기는 굉장히 중요합니다. 털 북숭이 원숭이는 서로 몸을 깨끗이 청소해 줄 때 입술로 쩝쩝거리는 소리를 내며 자신의 마음을 전해요. 몸 청소는 서로 굉장히 믿을 수 있고 편안할 때 가능한 일이고, 입술을 쩝쩝대는 것 역시 마음이 편안하고 누구도 해치고 싶지 않다는 표현이지요.  털 없는 원숭이는 입술로 쩝쩝거리지 않지만, 웃음으로 만족스럽고 기분이 좋다고 표현해요. 이 웃음은 소리를 함께 낼 때 더욱 효과가 좋아요. 말은 이렇게 기분 좋은 소리로 시작했어요. 그러다가 소리가 점점 정확해지면서 어떤 물체를 가리킬 때나, 과거와 미래에 관해 이야기할 때, 어떤 일이 일어날 때마다 똑같은 소리를 내게 되었지요. 넘어지거나 떨어지거나 무릎이 까지면 여러분은 먼저 소리를 지르거나 울 거예요. 하지만 무릎을 다쳤다고 말할 수도 있지요. 화가 나서 소리를 지르면서, "나 화났어! 화났다고!"라고 말하기도 해요. 침팬지는 그렇게 하지 못하지만, 어린 털 없는 원숭이는 할 수 있지요.

대청소

여러분에게 털가죽이 있다면, 병을 옮기는 **기생충**이 생기지 않도록 털을 깨끗하게 다듬는 데 시간을 많이 들이게 될 거예요. 여러분이 새라면 깃털에 진흙을 묻힌 채 하늘을 날 수 없을 거고요. 이처럼 털이나 깃털이 있는 동물은 시간을 들여 몸을 깨끗이 **청소**해야만 돼요. 서로의 몸을 닦아 줄 수 있는 털북숭이 원숭이들은 이 시간 동안 서로를 돕고 소통하곤 하지요. 닦아 주는 원숭이가 입술로 쩝쩝거리는 소리를 내서 알려 주면, 더러운 원숭이는 긴장하지 않고 닦아야 할 부위를 보여 줘요. 서로 닦아 주는 건 둘이 친구라고 이야기하는 방법이기도 해요.

여러분처럼 피부로만 덮여 있는 털 없는 원숭이의 몸은 훨씬 닦기 쉬워요. 씻기만 하면 되니까요.

어린 원숭이는 긴장해요

동물은 두 가지 이유로 서로 싸워요. 상대를 지배하기 위해서, 그리고 영역을 지키기 위해서예요. 어떤 동물은 정해진 영역 없이 계속 옮겨 다니며 살아요. 어떤 동물은 영역이 있지만 누가 가장 강한지는 별로 관심이 없어요. 그리고 남을 지배하면서 영역도 지켜야 하는 동물이 있어요.

털 없는 원숭이가 바로 그렇지요.

때리기와 물기

때리기와 물기는 많은 동물이 하는 행동이에요. 털 없는 원숭이도 아주 어릴 때부터 원하는 것을 얻기 위해 본능적으로 때리거나 물어요. 때리기와 물기가 성에 차지 않게 된 뒤로, 혹은 다른 동물과 싸우기에 부족하게 된 뒤로 털 없는 원숭이는 무기와 도구를 만들어 다른 동물을 좀 더 쉽게 억눌렀어요. 하지만 무기를 만드는 것과 전쟁을 일으키는 것은 한 발짝 차이랍니다. 그 한 걸음은 절대 걷지 말아야 해요.

사냥

수 **백만** 년 전의 털 없는 원숭이는 주로 과일과 채소를 채집해 먹었어요. 그러다가 사냥꾼이 되었지요. 도구를 사용해 다른 동물을 사냥하는 한편, 공동체를 꾸리고 저장고를 만들었지요. 사냥으로 얻은 고기를 보관할 수 있게 된 거예요.

달라진 사냥

털 없는 원숭이는 여러 방식으로 사냥해왔어요. 하지만 식량 산업이 발전한 오늘날에는 축산업자와 농부가 고기와 과일, 채소를 담당하고 있지요. 이제 사냥꾼은 사무실이나 공장, 작업장에 매일 출근하는 노동자가 되었어요. 그렇게 일해서 번 돈으로 필요한 물건을 산답니다.

노동은 사냥과 아주 비슷해요. 서로 경쟁하고 다 함께 모여서 일하는 동시에 개인의 기술이 중요해요. 그렇지만 아직 대형 동물 사냥, 사슴 사냥, 여우 사냥, 매 사냥, 낚시처럼 다양한 사냥이 남아 있어요. 털 없는 원숭이는 지금도 동물에게 도전하고 이기는 능력을 확인할 수 있지요.

그렇다면 고기는?

사실 지금의 털 없는 원숭이는 고기를 먹을 필요가 없어요. 농작물을 기를 수 있기 때문이지요. 그리고 고기를 얻으려고 동물을 키우는 데는 물과 같은 귀중한 자원이 엄청나게 들어요. 이 과정에서 지구의 대기를 오염시키는 기체도 나오지요. 그러니 오래전에 살던 방식으로 돌아가도 돼요. 곤충, 잎과 과일을 먹고 사는 털북숭이 원숭이 친척처럼요.

실제로 요즘에는 고기 대신 채소와 과일, 달걀, 유제품을 먹는 채식주의자들이 점점 늘고 있어요. 달걀과 유제품까지 먹지 않는 철저한 채식도 있는데 이런 방식을 비건이라고 부르지요. 어떤 사람은 훨씬 더 엄격한 방식을 선택하기도 한답니다. 어떤 방식일까요?

조금만 더 참고 읽으면
바로 다음 쪽에서 알 수 있어요!

무슨 사냥 하세요?

털 없는 원숭이는 지금도 다양한 사냥을 하고 있어요. 그중 일부는 영국의 **여우 사냥**처럼 오랜 시간 동안 이어진 전통이 되기도 했어요. 불쌍한 여우는 사냥을 목적으로 개량한 순종 사냥개와 말에게 쫓겨 다니지요. 이와 달리 **매 사냥**은 특별한 기술로 인정받고 있어요. 매를 사냥하는 게 아니라 매를 훈련해 먹이를 잡아 오게 하는 거예요. **낚시**도 이제는 스포츠가 되었어요. 물가나 얼음 위, 배에서 낚시를 할 수 있지요. 물속에서 하는 낚시가 가장 어려워요. **대형 동물 사냥**은 가장 논란이 많은 사냥이에요. 목표로 삼는 곰, 늑대, 사자, 코끼리, 코뿔소 등이 사람의 활동 때문에 멸종 위기에 처해 있기 때문이에요. 그래서 사냥을 엄격하게 통제하거나 아예 금지하는 곳도 있어요. 안타깝게도 이런 법을 무시하는 **밀렵꾼**과 불법 사냥꾼을 완전히 막지 못하고 있지만요.

고기는 충분해!

식물로 만든 음식을 먹는 건 식물을 동물에게 준 뒤 그 동물을 먹는 것보다 훨씬 쉬워요. 예를 들어 풀을 소에게 주며 소를 키워 먹는 것보다 풀 자체를 바로 먹는 게 훨씬 쉽죠. 앞서 이야기했듯이 이제는 많은 사람이 채소와 과일, 달걀, 유제품을 먹는 채식이나 달걀과 유제품도 먹지 않는 비건을 선택하고 있어요. 심지어 어떤 사람은 꿀도 먹지 않아요. 꿀벌이 만들었으므로 동물에서 나왔다는 게 이유지요. 스스로 **과식주의자**라고 부르는 사람도 있어요. 과일만 먹는다는 뜻이에요. 더 나아가 **생식주의자**도 있어요. 익히지 않은 날것만 먹는 방식이지요.

여러분의 집에서는 무엇을 먹나요? 여러분은 육식인가요, 초식인가요, 아니면 잡식인가요? 그 밖의 다른 방식으로 먹나요?

사람과 다른 동물

모든 동물은 다른 동물과 어울려 살아요. 동물이 서로 맺는 관계는 다섯 가지예요. 한 동물은 다른 동물의 먹잇감, 공생자, 경쟁자, 기생자, 포식자가 될 수 있어요. 털 없는 원숭이, 즉 사람은 다섯 가지 모두 될 수 있지요.

널 잡겠어

다른 동물은 먹잇감이 될 수 있어요. 옛날에 사람은 눈에 띄는 거의 모든 동물을 잡아먹었어요. 50만 년 전에 사람이 잡아먹은 동물의 종류는 다양해요. 들소, 코뿔소, 사슴, 곰, 양, 매머드, 낙타, 타조, 영양, 물소, 멧돼지, 하이에나 등이죠. 맞아요, 그때는 아직 매머드가 있었어요. 뒤에는 가축을 길들여 잡아먹었지요. 사람은 1만 년에 걸쳐 양과 염소, 순록으로 시작해 돼지와 소까지 길들였어요. 양, 염소, 순록은 사냥해서 잡는 먹이에서 곧바로 키워서 먹는 먹이가 되었지요. 소와 물소, 돼지는 조금 달랐어요. 이들은 오랫동안 야생에서 사람이 채집했던 것과 같은 종류의 채소를 먹으며 살아왔어요. 사람이 밭에서 채소를 기르기 시작하자, 이들은 먹이가 가득한 밭에 가까이 다가왔다가 농부에게 붙잡혔지요. 농부는 이런 동물을 길들였답니다.

오래전에 길들인 다른 먹잇감으로는 닭, 거위, 오리, 꿩, 뿔닭, 칠면조, 토끼 등이 있어요. 이와 달리 물고기는 뒤늦게서야 가축이 되었어요. 사람이 뱀장어, 잉어, 금붕어를 기르게 된 건 겨우 2,000년 전부터예요. 참고로 뱀장어는 고대 로마인들이 아주 좋아했답니다. 금붕어는 곧 겉모습을 즐기는 관상용 동물이 되어 **다행히 사람이 잡아먹지 않게 되었지만요.**

내가 도와줄게, 너도 도와줘

그리고 **공생자가 있어요.** 함께 어울려 살며 서로 이익을 주고받는 동물을 말해요. 코뿔소와 작은 새의 관계가 좋은 예시예요. 겁 없는 작은 새들은 코뿔소의 피부가 접힌 부분에 사는 곤충을 잡아먹으며 코뿔소가 기생충에 걸리지 않게 해 줘요.

사람의 역사에서 가장 오래된 공생자는 사람이 약 1만 년 전 전부터 길들인 개예요. 늑대와 아주 비슷한 개의 조상은 원래 사람 사냥꾼의 적이었어요. 사냥꾼과 마찬가지로 무리를 지어 먹이를 사냥했지요. 그런데 개의 조상은 먹이를 원하는 곳으로 몰고 가는 데 아주 능숙했고 굉장히 빨랐으며 냄새를 잘 맡고 소리도 잘 들었어요. 털 없는 원숭이는 이 점을 깨닫고 **숲에서 찾아낸 이들의 새끼를 데려가 길렀어요.** 개는 밤에 침입자를 감시했어요. 게다가 일단 훈련을 받자 뛰어난 사냥 동료가 되었을 뿐만 아니라 사람이 기르는 염소와 양, 순록을 모는 데도 능력을 발휘했어요. 사람은 긴 시간에 걸쳐 개의 자손들이 특별한 기술을 갖도록 했어요. 그 결과 양치기 개, 코가 아주 민감한 사냥개, 사냥감의 위치를 알려주는 개, 큰 동물을 사냥하는 개 등이 생겼지요. 방어용 개는 덩치가 커졌고요. 지금은 구조견, 맹도견, 경찰견, 그리고 반려

견에 이르기까지 다양한 개가 있답니다.

개처럼 사람과 가까워지지는 못했지만, 다른 여러 동물도 공생자가 되었어요. 예를 들어 비둘기는 훈련을 받아 편지를 전달하는 대가로 먹이와 함께 새장이라는 피난처를 얻었어요. 코끼리처럼 짐을 나르거나 사람을 태우는 동물도 있고 사냥용 매도 있어요. 어떨 때는 털 없는 원숭이가 동물을 기르거나 보호하며, 다시 말해 적어도 죽이지는 않으며 이익을 얻기도 한답니다. 꿀벌에게서 꿀, 닭에게서 달걀, 양과 염소에게서 털을 얻는 것처럼요.
이 역시 양쪽 모두에게 이익이지만, 동물은 그걸 모르고 있을지도요….

경쟁자 없애기

경쟁자는 먹이와 살 곳을 놓고 우리와 경쟁하는 동물이에요. 털 없는 원숭이는 이런 동물에게 아주 간단한 결말을 선사했지요. 없애는 거예요. 털 없는 원숭이는 먹을 수 없고 공생할 수 없는 동물을 모두 없애 버렸답니다. 선사시대에 살았던 커다란 동물들이 멸종한 이유이기도 해요.

작지만 위험해

기생자의 삶도 쉽지 않아요. 기생자는 보통 작은 곤충이나 벌레예요. 병균을 옮기고 다니지만, 살충제를 이용해 없앨 수 있어요. 병에 걸린 사람은 약으로 치료하고요. 그 덕분에 털 없는 원숭이는 나날이 건강해졌고, 많은 자손을 낳으며 널리 퍼질 수 있었답니다.

크고 당당하지만 너무 적어

드디어 포식자예요. 포식자 역시 사라져가고 있어요. 포식자가 살아남는다면 그건 털 없는 원숭이가 멸종 위기 동물을 지키기 위해 열심히 노력했기 때문일 거예요. 사람은 한 번도 다른 동물의 주요 먹잇감이 된 적이 없어요. 선사시대의 커다란 동물들이 털이 있든 없든 가리지 않고 영장류만 잡아먹었다면, 우리는 오늘날 이렇게 살아 있지 못했을 거예요.

악어나 상어, 호랑이, 사자처럼 가끔 털 없는 원숭이를 맛보았던 다른 덩치 큰 육식동물은 점점 수가 줄어들거나 보기 힘들어지고 있고요.
오랫동안 사람을 가장 많이 죽인 동물은 독 있는 뱀이에요. 그리고 기이하게도, 뱀은 보통 작아서 사람을 죽이기만 할 뿐 잡아먹을 수 없어요.

사람이 좋아하는 동물

동물학자뿐만 아니라 어린이들에게도 모든 동물은 흥미로워요. 매력이 넘치고 신기하고 놀랍고 아름답고 기묘하지요. 동물의 삶과 습성, 심지어는 끔찍하지만 아주 흥미로운 행동까지 보여주는 다큐멘터리는 매우 재미있어요. 우리는 상어가 바다에서 활동하는 모습이나 사자가 새끼 얼룩말을 사냥하는 모습을 담은 영상을 좋아해요. 비록 바다에서 상어를 만나고 싶지는 않고, 소용없는 줄 알면서도 새끼 얼룩말을 응원하게 되지만요.

그런데 우리가 다른 동물보다 더 좋아하는 동물이 있어요. 움직임이나 표정이 마치 사람처럼 보이는 동물이 많지요. 만화나 책 속 그림, 동화에서는 옷을 입거나 말을 하는 동물들을 만나볼 수 있어요. 이처럼 동물을 사람처럼 그리는 것을 의인화라고 해요. 우리는 개와 고양이에게 말을 걸며 우리 말을 이해한다고 생각하기도 해요. 실제로 어느 정도는 사실이고요. 4살에서 14살 사이의 영국 어린이 8만 명에게 가장 좋아하는 동물과 가장 싫어하는 동물을 물어봤더니 꽤 신기한 결과가 나왔어요.

좋아하는 동물, 싫어하는 동물

다음은 가장 좋아하는 동물 종류의 순위예요.

1. 포유류 **2. 조류**

3. 파충류 **4. 어류**

5. 무척추동물 **6. 양서류**

다음은 가장 좋아하는 동물 1등부터 10등까지예요.

1. 침팬지 **2. 마카크원숭이**

3. 말

4. 쥐여우원숭이 **5. 판다**

6. 곰

7. 코끼리

8. 사자

9. 개

10. 기린

이 동물들의 공통점은 무엇일까요? 몸에 털이 있는 대신 깃털이나 비늘이 없어요. 어느 정도 둥글둥글하게 생겼고 똑바로 설 수 있지요. 얼굴은 평평하고 표정이 풍부하죠. 이 중 많은 동물은 작은 물체를 다룰 수 있어요. 간단히 말해, 어느 정도는 의인화된 인형과 같다고 할 수 있지요. 즉, 우리는 우리를 닮은 동물을 좋아해요. 오랫동안 사람이 개의 꼬리와 귀를 자르고, 주둥이가 길었던 조상과 달리 주둥이가 납작해지도록 개량하며 의인화하려고 했던 건 끔찍한 일이지만요.

가장 싫어하는 동물 10가지

1. 뱀
2. 거미
3. 악어
4. 사자
5. 쥐
6. 스컹크
7. 고릴라
8. 코뿔소
9. 하마
10. 호랑이

많은 사람이 싫어하는 쥐나 냄새가 고약한 스컹크를 빼면 싫어하는 동물들은 위험하고, 사자와 고릴라를 제외하면 사람을 닮지 않았다는 공통점이 있습니다. 그러나 원숭이와 사자는 좋아하는 동물 순위에도 올라 있어요. **왜 그럴까요?** 사자는 사람을 닮았으면서 동시에 사나워요. 고릴라는 주둥이가 사람의 얼굴과 비슷하지만, 두려움을 불러일으키는 인상이고요. 사실 고릴라는 온순하지만 힘이 매우 세서 위협적인 느낌을 주지요.

이와 달리 뱀과 거미는 사람을 전혀 닮지 않았어요. 독이 있기도 하고 못생겼다는 평을 듣지요. 하지만 **못생겼다는 건 무슨 뜻일까요?** 못생겼다고 말할 수 있는 동물이 과연 있을까요? 예쁜 동물은 그저 사람을 더 닮았기 때문에 예쁘다고 여기는 게 아닐까요?

미래에는, 어쩌면, 아마도…

털없는 원숭이는 다른 동물을 길들이거나 없애 가면서 자기 자리를 차지했어요. 그리고 그 자리는 점점 커지기만 했지요. 다른 동물은 끊임없이 사라져 갔어요. 지금은 많은 동물이 멸종 위험에 처해 보호받아야 해요. 반면 사람은 점점 늘어났어요. 지구를 북적이게 만들고 모든 식량 자원을 탐욕스럽게 먹어 치우고 있지요. 이제 야생에는 더 이상 생명체가 살 공간이 없답니다. 인구가 늘어나면서 자원도 줄어들고 있고요. 지구에 사는 모두가 먹을 만큼 식량이 충분하지 않아요. 머지않은 미래에는 식량을 합성, 아니 더 솔직히 말하자면 알약으로 만들어 먹거나 다른 행성을 개척해 그곳에서 작물과 동물을 길러야 할 거예요. 물론 사람이 살 수 있는 행성이 있을 때 이야기지만요. 소설이나 영화 같은 이야기지만, 이제 진지하게 생각해 봐야 해요.

맺음말

미래의 어린 원숭이에게

사람은 자신들이 다른 동물과 같다고 생각하지 않아요. 과학, 예술, 기술 등 온갖 분야를 발전시킨 덕분에 사람은 스스로 우월하고, 그렇기에 위험에 처하지 않았다고 여기게 되었지요. 하지만 우리는 다시 한번 잘 생각하고 움직여야 합니다. 이미 과거에 지구를 호령했던 여러 특출난 동물이 멸종했어요. 조만간 우리도 사라지고 다른 동물이 그 자리를 차지할지 몰라요. 우리의 한계를 깨달아야만 이 운명을 막을 수 있어요. 어쩌면요.

어른을 위한 다른 책에서 털 없는 원숭이에 관해 이야기했던 것처럼 이 책에서는 어린 털 없는 원숭이에 관해 이야기했어요. 바로 우리라는 동물을 조금 우스꽝스럽게 보고 다른 방식으로 요모조모 탐구하기 위해서예요. 털 없는 원숭이는 특별한 동물이지만, 특별한 실수를 할 수 있는 동물이기도 해요. 우리가 지적이고 창의적이기 때문에 어떤 상황에서도 이로운 방법을 찾아낼 거라고 믿는 이들이 있어요. 우리는 적응력이 뛰어나기 때문에, 그 수가 점점 늘고 탐욕스러워지고 숨 막힐 듯 커지는 도시에서 꾸역꾸역 살아가는 이 시대에도 생활 방식을 다시 바꿀 수 있다고 믿는 거예요. 우리의 공격성은 물론, 일상을 넘어 가장 중요한 순간에조차 항상 "내 거야, 내 거야, 내 거야", "나, 나, 나"를 부르짖게 만드는 강한 욕심도 조절할 수 있다고 믿는 거지요.

하지만 사실 우리는 동물이에요. 우리의 원시적인 본능은 바뀌지 않아요. 다시 말해 살아남기 위해서 우리는 우리 자신에게 우리가 누구인지 그리고 우리의 이익을 위해 우리가 무엇을 원하는지에 관심을 기울여야 한답니다. 우리는 더 나은 동물이 되어야만 해요.

우리가 할 수 있을까요?

데즈먼드 모리스

데즈먼드 모리스는 누구인가요?

데즈먼드 모리스는 1928년에 태어난 영국의 동물학자예요. 아버지는 일찍 세상을 떠났지만, 열정적인 박물학자였던 할아버지에게서 큰 영향을 받았지요. 자연사에 관한 흥미를 키워온 모리스는 버밍엄대학교에서 동물학을 공부한 뒤, 옥스퍼드대학교에서 동물 행동에 관한 연구로 박사학위를 받았어요.

1956년 모리스는 런던으로 자리를 옮겨 런던동물학회의 영상 제작 책임자가 되었어요. 〈동물원 시간〉이나 〈동물 세계의 생활〉 같은 TV 방송을 제작하고 진행하면서 대중에게 동물에 관한 재미있는 이야기를 들려주었지요. 1959년까지 500편 이상의 각본을 쓰고 진행하며 이름을 알리기 시작했지요. 1959년부터 런던 동물원의 포유류 관장이 되었어요.

1967년 발표한 《털 없는 원숭이》는 모리스를 마침내 세계적인 작가로 만들어 주었어요. 이 책은 전 세계적으로 1,000만 부 이상이 팔리며 대단한 인기를 끌었어요. 이 책으로 큰 성공을 거둔 모리스는 이어서 《인간 동물원》, 《맨워칭》, 《바디워칭》, 《털 없는 여성》과 같은 여러 저술을 남겼어요. 고양이에도 관심이 많아 《거대한 고양이》, 《고양이워칭》, 《환상적인 고양이》처럼 고양이에 관한 책도 여럿 썼지요.

이 책의 원작인 《털 없는 원숭이》는 사람 역시 동물의 하나라는 사실을 바탕으로 우리를 돌아볼 수 있게 해주었지요. 사람의 행동 특성이 선사시대에 살아남기 위해 진화했다는 것이에요. 고층빌딩과 자동차가 가득한 도시에 살아도 우리의 몸과 마음은 초원을 뛰어다니며 사냥하던 선사시대 사람과 크게 다르지 않은 셈이지요. 사람을 특별한 동물로 보던 시각이 아직 많이 남아 있던 시기에 이런 주장은 큰 논란을 일으켰어요. 《털 없는 원숭이》가 나온 지는 이미 50년이 넘었고, 그동안 동물학은 많은 발전을 이루었어요. 하지만 모리스가 이 책에서 보여준 통찰력과 분석은 여전히 우리에게 의미있는 질문을 던집니다. 우리는 어디서 왔는지, 우리가 왜 이렇게 살아가고 있는지 우리 안의 숨겨진 본능을 엿볼 수 있게 해주지요. 여러분도 《어린이를 위한 털 없는 원숭이》를 통해서 '우리'라는 동물에 관해 더 잘 이해할 수 있기를 바랄게요.

한편 데즈먼드 모리스는 초현실주의 화가이기도 하답니다. 동물을 연구하면서도 꾸준히 화가로 활동했지요. 예술에 대한 관심은 동물 연구에도 영향을 끼쳤어요. TV프로그램을 만들던 시절에는 유인원의 그림 그리는 능력을 연구했고, 침팬지가 그린 그림을 보여주는 전시회를 기획하기도 했어요. 아기와 사람 어른, 그리고 유인원이 그린 그림을 비교해 볼 수 있는 전시회도 열었지요.

2017년에는 모리스의 그림이 방송국 BBC4에서 제작한 다큐멘터리의 소재가 되기도 했어요. 모리스는 100살 가까이 된 지금도 활발하게 예술 활동을 하며 아일랜드에서 살고 있답니다.

옮긴이 **고 호 관**

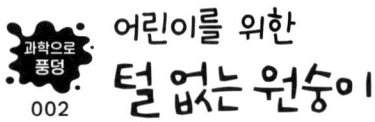

어린이를 위한 털 없는 원숭이

원작 데즈먼드 모리스
그림 세르지오 루찌에르
옮김 고호관

1판 1쇄 인쇄 2025년 10월 15일
1판 1쇄 발행 2025년 11월 5일

펴낸이 김영곤 **펴낸곳** ㈜북이십일 아울북
TF팀 팀장 김종민
기획편집 신지예 **마케팅** 정성은 김지선
편집 꿈틀 이정아 김은영 **디자인** S and book(design S)
영업 정지은 한충희 남정한 장철용 강경남 황성진 김도연 이민재
제작 이영민 권경민 **해외기획** 최연순 소은선 홍희정

출판등록 2000년 5월 6일 제406-2003-061호
주소 (우 10881) 경기도 파주시 문발동 회동길 201
연락처 031-955-2100(대표) 031-955-2709(기획개발)
팩스 031-955-2122 **홈페이지** www.book21.com

ISBN 979-11-7357-510-5 (77400)

· 이 책 내용의 일부 또는 전부를 재사용하려면 반드시 ㈜북이십일의 동의를 얻어야 합니다.
· 잘못 만들어진 책은 구입하신 서점에서 교환해 드립니다.

KC	· 제조자명 : ㈜북이십일	· 제조연월 : 2025. 11. 5.
	· 주소 : 경기도 파주시 회동길 201(문발동)	· 제조국명 : 대한민국
	· 전화번호 : 031-955-2100	· 사용연령 : 3세 이상 어린이 제품